Hanns Dieter Hüsch

vergnügt, erlöst, befreit

Der Wichern-Verlag dankt besonders
Christiane Rasche-Hüsch, Paul Maaßen
und dem tvd-Verlag

Hanns Dieter Hüsch

vergnügt, erlöst, befreit

Eine Textauswahl
Herausgegeben von Nikolaus Schneider

wichern

Also ich hab mir gedacht
Dass wir dieses Buch mal ganz von vorne anfangen
Ich mach mir ja immer zuerst mal so Gedanken
Wie man son Buch anfangen könnt

Du musst hab ich mir gesacht das Wesentliche
musste herauskriegen
Dat is ja nich so einfach das Wesentliche
Da versteht ja jeder wieder wat andres drunter
Un dann sind ja auch die Geschmäcker verschieden
Das Temperament is verschieden
Die Kücheneinrichtungen sind verschieden
Die Interessen sind verschieden
Der eine bosselt tagelang an seinem Segelboot erum
De sammelt alte Jazzplatten
Un de interessiert sich wieder für Keramik
Un da sach ich mir dann
Du musst das alles überhöhen
Alles objektiv überhöhen
Damit de subjektive Kram in den Hintergrund tritt
Dat is an sich gar nix Neues
Dat wird ja überall gemacht
Das Wesentliche überhöhen …

Inhalt

Vorwort

Warum Hüsch?

Warum noch ein Hüsch-Buch? Weil es sich immer wieder neu lohnt, Hanns Dieter Hüsch als einen *»theologischen Poeten«* und einen *»poetischen Theologen«* wahrzunehmen. Er ist sicher noch viel mehr, und es bleibt immer problematisch, Menschen auf bestimmte Kategorien festzulegen. Für mich aber ist dieser Zusammenklang von *»Poet«* und *»Theologe«* im Blick auf Hüsch unverzichtbar. Dieser Zusammenklang sagt Wahres und Grundlegendes über die Texte und den Menschen Hanns Dieter Hüsch aus. Hüsch vermochte es, in poetischer Sprache von Gottes Menschennähe Zeugnis zu geben. Und er vermochte es, mit seinen verdichteten Einsichten und Erfahrungen unsere Fragen nach Gott zu inspirieren sowie unser Fragen nach einem alltäglichen Leben, das auf Gottes Gegenwart vertraut. Die in diesem Buch versammelten Texte sollen das neu einsichtig machen.

Warum Theologe?

Hanns Dieter Hüsch thematisiert in seinen Texten eine grundlegende und zugleich alltagstaugliche Theologie. Eine Theologie, die über Gott nachdenkt und uns Menschen im Blick behält. Hüsch kennt sich in der Bibel aus und dichtet neue Psalmen. Er schreibt Gebete, Predigten und Segensworte. Und er verdichtet seine ganz persönlichen Begegnungen mit Gott und Jesus Christus.

»Die Erfahrung macht den Theologen«, dieser Satz

Martin Luthers trifft voll und ganz auf Hanns Dieter Hüsch zu.

Bei allen seinen Texten wagt er es, aus der großen Fülle grundlegender Perspektiven des Redens über Gott und uns Menschen eine entscheidende Sichtweise einzunehmen: Und das ist die *Liebe*. Hanns Dieter Hüsch bezeugt die Liebe Gottes zu den Menschen. Und die Liebe der Menschen im Umgang miteinander als die einzig segensreiche Haltung in unserer oft so lieblosen Welt. Hüsch ist ein einladender und überzeugender Zeuge – das halte ich für das wichtigste Charisma, das einem Theologen und einer Theologin geschenkt sein kann.

Warum Poet?

Das ist eigentlich keine Frage. Seine »Dichtkunst« und seine Fähigkeit, mit der Sprache bildreich und tiefsinnig umzugehen, sind unbestritten. Hüsch gehört zu den Menschen, die mit ihren Worten den Verstand und das Herz erreichen.

Die Assoziationsketten in seinen Texten setzen unser Denken und Fühlen in Bewegung. Hüsch hat die Gabe, Alltagserfahrungen so zu verdichten, dass wir uns darin wiedererkennen und auch darin vorkommen. Die analytische Genauigkeit seiner Sprache verbindet sich mit mitmenschlicher Solidarität – so wird sie nicht zur ätzenden Schärfe. Hüschs Sprache tendiert – und wird immer wieder – zum Gesang. Das ist eine

Form sprachlicher Kommunikation, die Menschen mitnimmt und zum Nachsingen und Nachsinnen einlädt.

Hüsch, der Poet, weiß mit Worten auf ganz gezielte und vielfältige Weise umzugehen: Seine Worte rütteln auf, zaubern ein Schmunzeln in unsere Gesichter, überraschen und lassen nachdenklich werden, streicheln unsere Seele und verbinden uns mit vielen anderen Menschen. Und sie verbinden uns mit Gott, mit seinem gegenwärtigen und mit seinem zukünftigen Reich. Hüschs Texte lassen uns eine Welt erahnen, wie sie auf uns wartet, wie sie aber auch schon jetzt in Raum und Zeit sein sollte und sein könnte.

Der theologische Poet Hanns Dieter Hüsch hilft Menschen ihren Glauben im Alltag zu leben. Hilft ihnen so zu werden, wie sie von Gott gemeint sind: *geliebt, erlöst, befreit.*

Poet und Theologe ist Hanns Dieter Hüsch für mich also. Theologe in seiner inhaltlichen Fundierung, Poet in der großartigen Kraft seiner Sprache.

Der inhaltliche Rahmen aller Texte dieses Buches ist zwischen »Segen« und »Liebe« aufgespannt. In diesem Rahmen nämlich kann Leben sich entfalten und erfüllen. Segen und Liebe lassen Leben gedeihen und wachsen, tun dem Einzelnen gut und lassen Beziehungen gelingen. So kann der einzelne Mensch in Gemeinschaft und Solidarität mit anderen leben, so können Gerechtigkeit und Frieden sich verwirklichen.

Der »Segen« steht am Anfang, er ist quasi die Voraussetzung für alles Weitere. Und die »Liebe« steht am Schluss als Quintessenz aller Überlegungen und Anstöße – als die entscheidende Lebenshaltung, die Gottes Segen für uns und unter uns Menschen erfahrbar macht.

Segen

Mit Gottes Segen soll in diesem Buch der Beginn einer gedanklichen Reise gesetzt sein. So, wie manche Menschen ihre Lieben mit dem Segen auf eine längere Reise schicken. Oder wie Liebende sich mit einem Segensgottesdienst auf den gemeinsamen Lebensweg begeben.

Der Segen Gottes ist die Zusage, niemals – auch in den düstersten Stunden und in verzweifelten Lebenslagen nicht – von Gott allein gelassen zu werden. Gottes Segen bereichert auch die jubelnden Tage unseres Lebens, bewahrt uns vor Selbstüberschätzung und verbindet die Triumphe unseres Lebens mit Dankbarkeit.

Gesegnet-Sein heißt: darauf vertrauen zu können, im Leben letztgültig gehalten und bewahrt zu sein und sogar durch den Tod hindurch ans Ziel zu gelangen. Das ist die große Segenszusage Gottes. Diese Zusage Gottes soll »Maß-gebend« für unser eigenes Verhalten und unsere eigenen Beziehungen werden. Damit wir in Liebe beieinander bleiben und uns in Treue aufeinander verlassen können. Menschen sollen und können einander zum Segen werden.

Gesegnet-Sein und Zum-Segen-Werden sollen unsere kleine Welt erhellen und uns zu unserer Verantwortung für die große Welt ermutigen. Segen – damit geht alles los. Hanns Dieter Hüsch schickt uns Leserinnen und Leser damit auf eine Lebens-Reise.

Himmel und Erde

Unsere Lebens-Reise verbindet sich immer mit bestimmten Orten und Zeiten. Wir leben aber nicht nur an bestimmten Orten, wir sind auch Teil bestimmter Landschaften, Mentalitäten und Temperamente. Wir gestalten und werden gleichzeitig gestaltet. Dabei soll es aber nicht miefig oder kleinkariert zugehen. Und das soll uns auch nicht neuen Gestaltungsräumen gegenüber verschließen. Der Niederrheiner Hanns Dieter Hüsch fühlt sich auch in Mainz zu Hause, ja kann dort Heimat finden. Und das gilt auch für Köln.

Heimat ist also nicht ein fest umrissenes und durch Zäune oder Mauern gesichertes Gelände. Heimat sind die Orte, die mich zum Leben einladen, wo ich mit Menschen lachen und weinen, mich streiten und versöhnen, verbrüdern oder verschwestern kann. Wo mir neue Anfänge geschenkt werden. Wo ich in Ruhe und Frieden leben und getrost sterben kann.

Damit uns das auf Erden gelingt und wir im Himmel dereinst unsere endgültige Heimat finden, ist durch Jesus Christus für uns der Himmel schon »hier und jetzt« mit der Erde verbunden. Hanns Dieter Hüsch weiß von dieser heilsamen Verbindung von Himmel und Erde zu singen und zu sagen.

Die seitlich Umgeknickten

Das Leben mutet uns so manches zu. Auch manches, das uns knickt und ver-rückt. Und auch Mitmenschen, die uns geknickt und ver-rückt erscheinen. Das Leben verbindet uns mit manch merkwürdigen Menschen. Das veranlasst zur Auseinandersetzung mit unserer Vorstellung von »Normal-Sein«. Zum Nachdenken auch darüber, dass wir selbst für andere Menschen manche Merkwürdigkeiten bereithalten. Denn: Wer ist schon immer aufrecht?

Ein Leben, das auf den Segen und die Liebe setzt, leitet uns an, auf andere Lebenswege und sich anders bewegende Menschen nicht herabzusehen. Mit Fremden freundlich umzugehen. Und eine tiefe und nachhaltige Solidarität gerade mit denjenigen zu pflegen und zu wahren, die geknickt und »ver-rückt« sind und mit so manchen Brüchen leben, die wir nicht kennen. Die humane Qualität einer Gesellschaft zeigt sich gerade darin, welchen Platz Menschen in ihr einnehmen können, die nicht in unsere Schablonen von »Normal-Sein« passen. Hanns Dieter Hüsch jedenfalls singt für diese Menschen mit Leidenschaft.

Unterwegs

Unser Leben lässt sich als eine »Lebensreise« deuten

und verstehen. Und dabei ist es weit mehr ein »Werden« als ein »Sein«. Zumindest für das »Christ-Werden« und das »Christ-Sein« hat es Martin Luther in eindrucksvoller Weise beschrieben: »Das christliche Leben ist nicht Frommsein, sondern Frommwerden, nicht Gesundsein, sondern Gesundwerden, nicht Sein, sondern Werden, nicht Ruhe, sondern Übung. Wir sind's noch nicht, wir werden's aber. Es ist noch nicht getan und geschehen, es ist aber der Weg.« (WA 7; 336, 31–36) Unterwegs zu sein ist also eine ganz wesentliche Befindlichkeit unseres Lebens. Unterwegs entdecken wir Neues. Wir finden Bekanntes in neuer Form. Oder finden Fremdes, das unser bisheriges Sein in Frage stellt. Unterwegs wird uns das Eigene besonders bewusst und hoffentlich in wesentlichen Teilen auch wertvoll.

Auf unserer Lebensreise sollen wir immer wieder neu ankommen. Uns selbst finden, ohne zu erstarren. Reicher werden, ohne uns auf Kosten anderer zu bereichern. In unserem Fortkommen uns an dem Fortkommen anderer erfreuen. Hanns Dieter Hüsch ist ein Mensch, der uns dazu inspiriert und ermutigt, den Modus des »Unterwegs-Seins« als erfülltes Leben zu begreifen.

Der sanfte Mut

Ohne Mut geht es nicht. Das Leben will immer auch gewagt werden. Es gibt so viele Lebensentscheidungen, die nicht glasklar abgeschätzt oder in ihren Folgen mathematisch genau ausgerechnet werden können. Das gilt für die »kleinen Entscheidungen« unseres persönlichen Lebens, wie etwa die Wahl des Berufes oder den Entschluss zum Bund fürs Leben mit einem bestimmten Menschen. Das gilt aber auch für die »großen Entscheidungen« etwa in der Flüchtlingspolitik. Wir benötigen Mut, um Entscheidungen zu fällen.

Mut aber kann sanft oder kriegerisch sein. Der sanfte Mut verteidigt das Leben – Jesus zählt ihn in der Bergpredigt zu den Kennzeichen des Selig-Seins.

Der kriegerische Mut nimmt die Zerstörung von Leben in Kauf. Jesus rät davon ab. Das Fatale ist nun, dass der kriegerische Mut oft so viel einleuchtender und erfolgsversprechender zu sein scheint. Deshalb muss der sanfte Mut bekräftigt, erklärt, verteidigt und besungen werden. Hanns Dieter Hüsch ist ein entschiedener und zugleich werbender Verfechter des sanften Mutes.

Ein Land mit neuen Bäumen

Wo soll es hingehen? In unserem oft so unüberschaubaren Leben und in dieser unüberschaubaren Welt brauchen wir Vorstellungen von dem, was sein soll. Vorstellungen von Zielen, für die einzusetzen es sich lohnt.

»Ein Volk ohne Utopien geht zugrunde«, heißt es. Ich denke, das gilt nicht nur für Völker, sondern auch für einzelne Menschen. Menschen benötigen Ziele vor dem inneren Auge, denen sie zustreben wollen. Überzeugende Utopien sind wie eine Energie, die unserem Wollen und Tun von außen zufließt. Aber welche Utopie und welche Ziele sollen das sein? Die biblischen Visionen erzählen von heilvollen Zielen. Von der Lebensqualität im Reich Gottes, die die Lebensqualität auf der Erde verbessern will. Hanns Dieter Hüsch verdichtet in seinen Texten das, was noch nicht ist, aber sein soll. Und er lässt uns damit das Gottesreich schon auf Erden schmecken.

Liebe

Liebe ist die Quintessenz – von den vielen Aspekten und Facetten des Lebens ist die Liebe die entscheidende Lebenshaltung, die Gottes Segen auf unserer Lebensreise erfahrbar macht. Ganz im Sinne des »Hohen Liedes der Liebe« im ersten Korintherbrief: »Nun aber bleiben Glaube, Hoffnung, Liebe, diese drei; aber *die Liebe ist die Größte unter ihnen.*« (13,13)

Liebe bedeutet nicht zuerst und nicht allein »Schmetterlinge im Bauch« oder romantisches Verliebt-Sein. Liebe setzt auf eine nachhaltige und widerständige Zuneigung. Als Geliebte und als Liebende wird uns die unerschütterliche Gewissheit zuteil, bei allem, was geschieht, gehalten zu sein. Liebe lässt uns neues Vertrauen trotz Enttäuschungen wagen. Liebe schenkt uns immer neue Bereitschaft zur Vergebung und zu Neuanfängen.

Das gilt für die Liebe Gottes, aber auch für die Liebe der Menschen zueinander. Liebe als beglückendes und tragendes Fundament des – und seines – Lebens bezeugt Hanns Dieter Hüsch in seinen Texten und seinem Leben.

Zum Schluss vom Niederrheiner über den Niederrheiner

Unter Niederrheinern wird manchmal mit einem gewissen Genuss darüber gestritten, welches denn die »richtige« Rheinseite sei.

Also in Köln ist das so: Es gibt die richtige Seite, und das ist die linke Rheinseite. Und es gibt die »Schälsick«, also die rechte Rheinseite, wo man eigentlich nicht leben sollte. Rechts und links bestimmt sich übrigens nach der Flussrichtung von der Quelle zur Mündung, also mit der Strömung …

Moers, die Stadt von Hüschs Kindheit und Jugend, liegt auf der »richtigen Rheinseite«. Ich dagegen bin auf der »falschen Rheinseite« geboren und habe dort meine Kindheit und Jugend verbracht. Was mir nun an seinen Texten auffällt: Dieses am Niederrhein durchaus beliebte Thema findet sich im Werk von Hanns Dieter Hüsch nicht. Er erzählt und beschreibt mit Liebe und Leidenschaft Menschen und Landschaften auf beiden Seiten des Rheins.

Den Zugang zum Himmel findet er sogar in Dinslaken(!) – auf der »falschen« Rheinseite …

Das macht klar: Zwar geht es Hanns Dieter Hüsch

auch um abgedrehte Themen von heimatverbundenen Menschen. Aber kleinkarierte Eifersüchteleien, Herabsetzungen und alle peinliche Angeberei sind ihm fremd. Mit liebevollem Blick schaut der Poet und Theologe vom Niederrhein auf die Menschen – und zwar überall. Nicht nur, weil seine Familie auf beiden Seiten des Rheins zu Hause ist. Sondern vielmehr gilt für ihn: »Niederrhein ist überall.«

Denn überall sind Menschen, die ihr Leben glücklich leben wollen; die sich nach Nähe und Liebe sehnen; denen Gerechtigkeit und Frieden gut tun und die zu der großen Gemeinschaft der Menschen gehören, die dadurch ausgezeichnet ist, dass wir alle Kinder Gottes sind. Und das soll mit diesem Buch bezeugt sein.

Nikolaus Schneider

Segen

Gott der Herr möge uns alle Angst
Nehmen
Allen Zweifel den wir oft in uns tragen
Wenn uns weltliche Bodenlosigkeit
Zu verwirren droht
Wenn uns Schnell-Religionen
Und sonstiger metaphysischer
Schnickschnack
Einzufangen versuchen
Wenn uns geschichtliche Herren
Rezepte vorlegen
Die unfehlbar sein sollen
Und doch nur neuen Unfrieden
Und neue Unsicherheit stiften

Gott der Herr möge bei uns sein
Und uns auf unsere Fehler aufmerksam
Machen
Auf dass der andere sich nicht abwendet
Aufsteht und unseren Tisch verlässt
Wir alle brauchen uns
Rund um die Uhr
Und rund um die Welt

Gott möge unseren kranken Kopf
Und unser müdes Herz heilen
Auf dass wir aufs neue
Und weiterhin
Und immer wieder
Und immerdar

Seine Spiel-Leute sind und bleiben
Singen spielen sprechen und musizieren
Und keinerlei Hass eine Möglichkeit hat
In uns zu fahren
Und jeder von uns den Zustand der
Seligkeit spürt

Und wenn ich nicht wüsste,
wohin meinen Kopf zur Ruhe betten
in dieser törichten Zeit,
und kein Abend mein unruhiges Herz aufnähme
in die wohl tuenden Arme der Dämmerung,
so wird mein Gemüt doch gerettet durch die
Barmherzigkeit Gottes,
und meine Seele bleibt unverwundet durch seine Güte,
und meine Heiterkeit darf ich allzeit ausüben
durch seinen Geist, der so unendlich ist,
dass er kein Ende berührt,
auch wenn er im Kreise ginge.

Im übrigen meine ich
Möge uns der Herr weiterhin
Zu den Brunnen des Erbarmens führen
Zu den Gärten der Geduld
Und uns mit Großzügigkeitsgirlanden
Schmücken
Er möge uns weiterhin lehren
Das Kreuz als Krone zu tragen
Und darin nicht unsicher zu werden
Soll doch seine Liebe unsere Liebe sein
Er möge wie es auskommt in unser Herz eindringen
Um uns mit seinen Gedankengängen
Zu erfrischen
Uns auf Wege zu führen
Die wir bisher nicht betreten haben
Aus Angst und Unwissenheit darüber
Dass der Herr uns nämlich aufrechten Ganges
Fröhlich sehen will
Weil wir es dürfen
Und nicht nur dürfen sondern auch müssen
Wir müssen endlich damit beginnen
Das Zaghafte und Unterwürfige abzuschütteln
Denn wir sind Kinder Gottes: Gottes Kinder!
Und jeder soll es sehen und ganz erstaunt sein
Dass Gottes Kinder so leicht und fröhlich sein können
Und sagen: Donnerwetter
Jeder soll es sehen und jeder soll nach Hause laufen
Und sagen: er habe Gottes Kinder gesehen

Und die seien ungebrochen freundlich
Und heiter gewesen
Weil die Zukunft Jesus heiße
Und weil die Liebe alles überwindet
Und Himmel und Erde eins wären
Und Leben und Tod sich vermählen
Und der Mensch ein neuer Mensch werde
Durch Jesus Christus.

Friede sei mit euch
Fürchtet euch nicht!
Warum bewegen mich diese Worte so tief
Weil sie so schwer zu glauben sind
Weil sie so schwer zu machen sind
Nein weil sie mich aufrecht halten
In äußerst geschichtlicher Zeit
Und mich an die Worte des Chrisostomos erinnern:
»Das Kreuz wie eine Krone tragen.«

Möge Gott der Herr uns über alle Zeiten und
Gezeiten hinwegführen fröhlichen Herzens
Weil wir seinen Frieden in uns tragen
Der uns mit allen und allem versöhnt
Weil seine Liebe in uns wohnt
Die uns unendlich macht
Die uns aber auch zurückholt
Zu unseren Tagesresten
Zu unseren Widersprüchen
Zu unseren Konflikten
Uns zurückführt in unsere Wohnküchen
Zu unseren Schlafstätten
An unsere Schreibtische
An unsere Drehbänke und Reparaturwerkstätten
In unsere Studios und Ateliers
Kindergärten und Altersheime
Um wieder von neuem zu beginnen
Behutsam zwar aber um im Laufe der Zeit
Immer sicherer zu werden.

Was macht dass ich so fröhlich bin
In meinem kleinen Reich
Ich sing und tanze her und hin
Vom Kindbett bis zur Leich

Was macht dass ich so furchtlos bin
An vielen dunklen Tagen
Es kommt ein Geist in meinen Sinn
Will mich durchs Leben tragen

Ich bin
vergnügt
erlöst
befreit
Gott nahm in seine Hände
Meine Zeit
Mein Fühlen Denken
Hören Sagen
Mein Triumphieren
Und Verzagen
Das Elend
Und die Zärtlichkeit

Was macht dass ich so unbeschwert
Und mich kein Trübsal hält
Weil mich mein Gott das Lachen lehrt
Wohl über alle Welt

Und wenn wir gehen,
Gehen wir zum Himmel
Und wenn wir kommen
Kommen wir zur Erde
Und wenn wir auf der Erde straucheln
Hebst Du uns auf in den Himmel
Denn Himmel und Erde
Sind Bruder und Schwester.

Himmel und Erde

Ihr Niederrheiner habt, genau besehen, immer nur zwei große Themen: Essen und Sterben.

Zuerst hab ich einen Schrecken bekommen, aber nach ein paar Tagen musste ich mir sagen, etwas ist da dran: Essen als Verdauung und Sterben als Verwesung. Denn wir Niederrheiner können doch stundenlang erzählen, was wir gern essen und was wir nicht so gern essen und wie der gestorben ist und woran, und wie lang das gedauert hat, und welcher Arzt das alles verpfuscht hat, und wer schließlich das Ganze erbt, und dass gar nichts mehr da ist, weil, alles ist für die Operation draufgegangen, und wir hatten am Sonntag Dicke Bohnen. Das wird alles durcheinandererzählt, genauso wie ich hier mein Leben erzähle. Beim Essen reden wir vom Sterben, und beim Sterben reden wir vom Essen …

Mit dem Gips bis über beide Knie musste ich ja viel herumsitzen und konnte viel herumträumen. Fast kann man sagen, was ich in den Beinen nicht hatte, hatte ich im Kopf. Ich war ein bisschen autistisch, und ich war ein bisschen hospitalistisch und schaukelte mich oft in meine, in eine andere Welt hinein. Ich saß auf dem Fußboden und schaukelte vor mich hin, sicher auch, um auf mich aufmerksam zu machen: Hallo, hier bin ich. Hallo, ich bin noch da. Entertainer, wie ich schon sagte, vom Fußboden aus, schaukelnd und träumend. In eine andere Welt hinein. In meine ureigene Welt, die mitten in meinem Herzen saß, eine kleine Knospe und eine Schlingpflanze, ein Nachtschattengewächs und eine Tagträumerblume, vielleicht ein Stiefmütterchen oder ein Vergissmeinnicht. Eine Blüte, die Musik machte, Bilder und Wörter herbeizauberte, oft völlig zusammenhanglos, einfach als Klang oder Farbe. Heute noch, gestern noch, sage ich den Namen Irina Kirschenstein, das ist oder das war eine berühmte polnische Leichtathletin, einfach so vor mich hin, Irina Kirschenstein, und ich bins zufrieden. Ich brauche keine Drogen. Ich war und bin immer meine eigene Droge. Ich weiß nicht, wie das gekommen ist, und weiß auch nicht, wie das gewachsen ist, und bin heute nicht wenig erstaunt, dass das immer noch so ist. Und es hat ja ganz früh angefangen. Ich muss schon ein Assoziations-Embryo gewesen sein. Sprünge, Berechnungen, Weithergeholtes und

Naheliegendes, Banales und Transzendentes ständig zu mischen und wieder zu zerlegen, das war immer meine Vorliebe, meine Spezialität. Gassenhauer und Choral, Spottvers und Bibelstelle, Unterhaltung und Philosophie, und im Leben: Küche und Kirche, Heilige und Huren, Freunde und Feinde. Und alles ganz schnell vorüberziehen lassen, wie einen großen Kreuzzug mit Narren und Heimatlosen, entsprungenen Mönchen und büßenden leichten Mädchen, siehe Maria Maddalena. Und Christus gibt jedem die Hand, ein Stück Brot und einen Schluck Wein, und sagt zu mir, ich hab gestern im Himmel deine Tante Anna getroffen, du weißt schon, die mit 90 Jahren noch alle Zähne hatte und mit 91 Jahren zum erstenmal zum Zahnarzt ging und mit 93 Jahren starb, die zuletzt bei ihrer Tochter Hannegret in Northeim wohnte, die hab ich gestern im Himmel getroffen, und sie hat sich nach dir erkundigt, ob du zugenommen oder ob du abgenommen hattest …

Aber so ist das ja immer in Deutschland. Da möchten ein paar Freunde und Freundinnen mit den dazugehörigen Zuschauern und Zuschauerinnen sich ein paar Tage treffen, miteinander reden, musizieren, Lieder singen, Texte lesen, essen, trinken und tanzen, schon kommt der germanische Erzieher und sagt, so geht das aber nicht weiter, nur konsumieren und sich kulinarisch gebärden, das ist ja wohl ein bisschen zu wenig, jetzt wollen wir euch mal zeigen, was alles angesagt ist, und dann rufen wir zusammen die Revolution aus und machen hier ein internationales Zentrum für den Widerstand. Tod und Teufel, so was möchte ich nicht noch mal erleben, und darum bin ich heute nur in der evangelischen Kirche und in der GEMA, sonst findet man mich nirgendwo.

Zuhause das ist:
Ein unsichtbares Bild
Ein Zauberwort
Ein altes Lied
Ein Kinderwunsch
Der sich am Ende erst erfüllt

Zuhause das ist:
Sonntagstaat und Alltagseinerlei
Das sind die langen Wiesen
Und die stillgelegten Zechentürme
Die kleinen Kneipen
und die großen alten Bäume
Das ist die Kindheit
unverbraucht und sorgenfrei

Zuhause das ist:
Was man nicht sieht doch in der Fremde spürt
Die Küchenwärme und die Jugendsünden
Tach zusammen
Und die Frage: Na wie isset denn?
Heimweh das mich nach Hause führt

Und komm ich plötzlich um die Ecke
Bin Jahr für Jahr in alle Welt gereist
Hab noch verwelkten Lorbeer auf dem Haupt
Und jemand sagt mit gutem Blick:
Nu ruh Dich ma en bissken aus
Dann weiß ich was Zuhause heißt

Kennst du diese plötzlichen Sekunden
Wenn dir einfällt, dass du sterben musst
Siegessicher gehst du durch die Stunden
Doch auf einmal wird es dir bewusst

Und du fragst dich wie das wohl gehn wird
Welches Wort als letztes Wort du sagst
Wer zuletzt an deiner Seite stehn wird
Ob du tapfer oder ob du klagst

Denn bald ist Obduktion im Café Größenwahn
Schnell die nächste Leiche auf den Tisch
Dann wird aufgemacht
Und dann wird nachgedacht
Dann wieder zugemacht
Und sich kaputt gelacht:

Denn in jeder Leiche ist ein Kind versteckt
Das nach Zukunft fragt
Und nach Frühling schmeckt
Und sich dann erschreckt

Ja in jeder Leiche ist ein Kind versteckt
Das nach Zukunft fragt
Und nach Frühling schmeckt
Und sich dann erschreckt

Erst mit der großen Stille fängt die Seele an zu
Schreiben
Und lässt uns sanft und sicher werden
Und sorgt dafür, dass unsre Augen milde bleiben.

Nun wanderst du und setzt den Fuß aufs Ländliche
Das dich und dein Gemüt erhält
Der Riesenwahn, das Unverständliche
Sie fliehn vor deinem Gang und Flur und Feld
Begegnen dir so schwesterlich, so alt und ungebrochen
Als hätten Tier und Pflanze das erste Wort gesprochen.

Die Stille ists, die überlebt.
Dem Baum, der schweigt, ist tiefer zu vertrauen
Als allen Redensarten
Als allen Zungen, die sich laut vermischen
Es ist die Stille, die zur Kunst entfacht,
Geschichte macht,
Solang, bis wir den Schmerz von unsren Stirnen
Wischen.

Die seitlich
Umgeknickten

Ich sing für die Verrückten
Die seitlich Umgeknickten
Die eines Tags nach vorne fallen
Und unbemerkt von allen

An ihrem Tisch in Küchen sitzen
Und keiner Weltanschauung nützen
Die tagelang durch Städte streifen
Und die Geschichte nicht begreifen

Die sich vom Kirchturm stürzen
Die Welt noch mit Gelächter würzen
Und für den Tod beizeiten
Sich selbst die Glocken läuten

Die an den Imbisstheken hängen
Sich weder vor- noch rückwärtsdrängen
Und still die Tagessuppe essen
Dann alles wieder schnell vergessen

Die mit den Zügen sich beeilen
Um nirgendwo zu lang zu weilen
Die jeden Abschied aus der Nähe kennen
Weil sie das Leben Abschied nennen

Die auf den Schiffen sich verdingen
Und mit den Kindern Lieder singen
Die suchen und die niemals finden
Und nachts vom Erdboden verschwinden

Die Wärter stehen schon bereit mit Jacken
Um werkgerecht die Irrenden zu packen
Die freundlich auf den Dächern springen
Für diese Leute will ich singen

Die in den großen Wüsten sterben
Den Schädel schon in tausend Scherben
Der Sand verwischt bald alle Spuren
Das Nichts läuft schon auf vollen Touren

Die sich durchs rohe Dickicht schieben
Vom Wahnsinn wund und krank gerieben
Die durch den Urwald aller Seelen blicken
Den ganzen Schwindel auf dem Rücken

Ich sing für die Verrückten
Die seitlich Umgeknickten
Die eines Tags nach vorne fallen
Und unbemerkt von allen

Sich aus der Schöpfung schleichen
Weil Trost und Kraft nicht reichen
Und einfach die Geschichte überspringen
Für diese Leute will ich singen.

Schon zwei Wochen vor Ostern ruft nämlich die Frieda immer, dass du mir am Ostersamstag schön zu Hause bleibst, da ist mal nichts mit Kunst und so, da werden nämlich Eier gefärbt. Schön, sage ich, wie viel denn? Also ich esse schon mal am 1. Feiertag morgens zwei, mittags zwei, zum Kaffee zwei und abends zwei, macht zusammen acht, am 2. Feiertag dasselbe, macht zusammen sechzehn, und das mal drei – unsere Familie besteht aus Vater, Mutter und einem Kind –, also sechzehn mal drei macht achtundvierzig, sagen wir, die kaputten mitgerechnet, macht fünfzig. Fünfzig Eier, sagt Frieda, du spinnst. Einmal im Jahr zu Ostern, soviel ich weiß, sage ich, da soll das Ei leben, ein Hase ist ja auch nur ein Mensch. Also komm, sagt die Frieda, lass jetzt mal deine Späßchen, ich kaufe dreißig Eier, davon werden zwanzig gefärbt, dann muss sich jeder das eben ein bisschen einteilen. Fünfzig Eier, sagt die kleine Frieda, ich ess sowieso höchstens insgesamt vier. Na, sage ich, ihr seid mir rechte Asketen, so begeht man doch nicht Ostern, ei der Daus. Also, sagt die Frieda, du brauchst gar nicht weiter dumm zu reden, dreißig Eier und damit basta, nachher müssen wir sie nämlich wieder alle essen. Also gut, sage ich, dreißig Eier, das ist für mich aber dann nur ein halbes Ostern, so wie Weihnachten ohne Schnee, aber wenn man die Schale mitisst, dann geht's ja. Hhmm, macht die Frieda. Doch, sage ich, das soll sehr gesund sein, wie bei Kartoffeln und Äpfeln, das Wertvollste sitzt direkt unter der Schale, diese Vitamine, deshalb soll man die Schalen nie wegwerfen. Da ist Kalk drin. Bei dir ist auch Kalk drin, sagt die Frieda, jetzt zieh dich an, wir müssen los, sonst sind nachher überhaupt keine Eier mehr da. Die kommen doch frisch vom Lande, sage ich, früher kamen immer so Frauen mit Kopftuch und warfen einem die Eier nach. Also Vati, sagt die kleine Frieda, jetzt hör doch endlich auf. Gut, sage ich, gehn wir, ihr habt ja keine Ahnung von Ostern. Aber du, du hast natürlich Ahnung, du bist der Oberosterhase, sagt die Frieda. Chefosterhase, wenn ich bitten darf, sage ich.

Ja, und dann holen wir zu dritt – mit feierlichem Schritt – die Eier und tragen sie wie auf Messers Schneide nach Hause. Auf dem Rückweg treffen wir noch einen Intellektuellen. Fröhliche Ostern, sage ich, wir sind gerade dabei, dreißig Eier zu vergesellschaften. Wir färben heute Abend im Kollektiv. Nein, sagt er, da bin ich drüber weg, ich habe mir nur ein Ei als Drahtplastik anfertigen lassen, schließlich kann unsereiner ja nicht mehr an den Osterhasen glauben. Doch, sage ich, ich glaube noch dran. Aber sehen Sie mal, sagt er, es hat sich doch seit einigen Jahren allerhand verändert, und es tut mir also furchtbar leid, aber ich sehe, ich kann den Osterhasen auch nur noch als Alibi für diese Pseudodemokratie sehen. Die Frieda zupft mich am Ärmel und sagt, also wollt ihr hier jetzt diskutieren, oder wolln wir gehn und die Eier färben.

Also, sage ich, entschuldigen Sie, aber wir müssen jetzt Farbe bekennen, und grüßen Sie Ihre Drahtplastik. Ja, und dann sitzen wir alle um den Küchentisch und finden die Eier diesmal außerordentlich gut gewachsen, und dann wird überall so ein Löchlein hineingepickst, damit sie nicht springen, und dann werden die Eier ganz vorsichtig – pass doch auf – mit einem Löffel in den Kochtopf hineinbalanciert. Und dann studieren wir alle Lohmeyers Farbenlehre und Lohmeyers Farbenstifte und Lohmeyers Farbenbeutel und Lohmeyers Abziehbilder, absolut ungiftig, und Lohmeyers bunte Farbblätter, wo man immer um das Ei so einen heißen Umschlag machen muss. Zwei sind schon gesprungen, sagt die kleine Frieda. Das macht nichts, sage ich, das gibt dann hinterher diese feinen Strukturen. Und dann holen wir alte Tassen und rühren die Farben. Halt, sagt die Frieda, ein Schuss Essig muss dran. Und dann färben wir. Und dann malen wir. Und dann komponieren wir. Und dann nehmen wir die fertigen und übermalen sie noch mal. Und dann entstehen die künstlerischen Eier. Die halten bis Pfingsten. Und dann haben wir einen Spaß und sind gar nicht sachlich. Und dann kommen die gesprungenen Eier dran, und da setzen wir die gesprungenen Linien mit einem Stift so fort, dass man die Sprünge gar nicht mehr sieht, und so helfen uns die Eier auf alle möglichen zeichnerischen Sprünge. Und dann kommen die Abziehbilder dran und so weiter, und wenn einer sagt, warum machen wir das jedes Jahr, sagt der andre gleich, na weil wir das doch früher auch so gemacht haben. Und dann sagt plötzlich die kleine Frieda, guck mal, wie ich ausseh. Und dann sage ich, guck mal, wie ich ausseh. Und dann sagt die Frieda, also ich seh vielleicht aus. Und wir sehen dann alle furchtbar aus. Ganz bunt und sind von Kopf bis Fuß auf Farbe eingestellt. Und der Tisch sieht vielleicht aus. Und schon putz ich mir am falschen Handtuch die Finger ab. Also wie das hier aussieht, sagt die Frieda dann ein ums andre Mal. Und dann holt sie ein Körbchen. Da legen wir die Eier rein. Und dann stellt sie das Körbchen auf die Fensterbank und sagt, also jetzt beginnt für mich Ostern. Und dann stellen wir das Körbchen wieder auf den Tisch, und die kleine Frieda sagt, jetzt ist richtig Ostern. Und dann tragen wir das Körbchen ins Wohnzimmer und stellen es auf die Truhe, und dann sage ich Fröhliche Ostern. Und dann gehen wir wieder in die Küche und sagen, wie das hier aussieht. Und dann sind wir richtig abgespannt und müde. Aber dann ist wirklich Ostern.

Du brauchst einen Psychiater.
Du brauchst ein neues Bett.
Du musst mal ins Theater.
Du musst mal aufs Klosett.
So für den Hausgebrauch.
Und Lenin brauchst du auch.
Zapperlot und Firlefanz, schizophren und
Eiertanz.
Du brauchst jetzt was für's Herz.
Du brauchst was für dein Glück.
Die Frau braucht einen Nerz.
Und du brauchst einen Tick.
Ihr braucht jetzt neue Möbel.
Du brauchst einen Verein.
Gehörst doch nicht zum Pöbel.
Nein, ganz bestimmt nicht, nein.
Drum brauchst du einen Titel.
Ein Ehrenamt dazu.
Kauf dir doch einen Orden.
Kauf dir doch deine Ruh.
Du brauchst jetzt deine Ruhe.
Du brauchst jetzt Bio-Kost.
Du brauchst jetzt frische Zellen.
Von wegen Schüttelfrost.
Brauchst neue Haartinkturen.
Brauchst Antifaltenspray.
Brauchst einige Amouren.
Und dann nach Übersee.

Acht Tage mal im Flugzeug.
Acht Tage mal im Wald.
Acht Tage mal am Wasser.
Acht Tage mal Asphalt.
Drum brauchst du mehr Gehalt.
Du brauchst ein Telefon.
Du brauchst ne neue Zeitung.
Ne neue Religion.
Ne neue Zigarette.
Ne Kur für deinen Bauch.
Ne neue Schmerztablette.
Und Jesus brauchst du auch.
Du brauchst ein neues Leben.
Du brauchst nen neuen Tod.
Das tot sein ist ja nicht so schwer.
Denn tot ist man ja heut nicht mehr.
Jetzt geht's erst richtig los.
In Saus und auch in Braus.
Nach Griechenland und Portugal.
Nach Irgendwo und Überall.
Marokko und Tunesien.
Als wäre nichts gewesen.
Und dann ins Krankenhaus.
Du brauchst und brauchst und brauchst.
Und dann kommt dieser Augenblick.
Wo dir dein Schädel raucht.
Und sich dein Herz verstaucht.
Weil man dich nicht mehr braucht.

Zu alt.
Zu alt.
Zu alt.
Und außerdem: Wer war der Mann?
Wer war der Mann?
Und bald.
Und bald.
Und bald.
Kommt schon die nächste Generation.
Von vorne wieder dran: Du brauchst jetzt Holzpantinen.
Du brauchst jetzt weiße Jeans.
Du brauchst jetzt dufte Bienen.
Du brauchst jetzt New Orleans.
Du brauchst ne Diskussion.
Du brauchst jetzt was zu trinken.
Du brauchst doch nur zu winken.
Du brauchst ein Diktafon.
Wir bringen dir's ins Haus.
Kauf dir noch einen Grill.
Du musst mal richtig raus.
Du brauchst jetzt Chlorophyll.
Kauf dir doch eine Mühle.
Kauf dir ein Bauernhaus.
Kauf dir doch Wiener Stühle.
Dir fallen die Zähne aus.
Zapperlot und Firlefanz, schizophren und Eiertanz.
Dir fallen die Haare aus.
Du brauchst jetzt ein Toupet.

Du musst mal in den Schnee.
Du musst auch mal nach Rom und Wien.
So kauf dir doch ein Trampolin.
Du brauchst ein neues Leben.
Du brauchst nen neuen Tod.
Du musst mal was erleben.
Sei doch kein Idiot.
Sei doch kein Spielverderber.
Der Schornstein muss doch rauchen.
Sieh dir die andern an.
Was die so alles brauchen.
In Wirklichkeit, in Wirklichkeit braucht man das alles nicht.
Moral von der Geschicht: Brauchst nur nicht auf die Welt zu kommen.
Mehr braucht man eigentlich nicht.

Wenn ich manchmal in eine fremde Stadt komme, wo ich mich also nicht so sehr auskenne – Sie kennen ja vielleicht meinen alten Spruch: »Wenn du auf die Welt kommst, eins musst du dir merken: Der erste, den du triffst, ist nicht von hier.«
Das geht mir unterwegs sehr oft so, ich komme in eine Stadt und bis ich dann mal die Volkshochschule gefunden habe, muss ich zehn Leute fragen, die sind alle nicht von hier: Also nehme ich mir ein Taxi, damit ich nicht stundenlang in die falsche Richtung laufe. Nun gibt es ja die verschiedensten Sorten von Taxifahrern: Es gibt Taxifahrer, die, wenn du auf den Wagen zugehst, springen sofort auf, schlagen den Kofferraum auf, nehmen dir dein Gepäck ab, unterhalten sich mit dir, sind freundlich, geben dir alle möglichen Auskünfte, sagen: »Auf Wiedersehen!« oder »Schönen Tag noch.« Es gibt Taxifahrer, die bleiben sitzen, drehen sich nur ein bisschen um, machen im Sitzen die Tür auf für das Gepäck, sagen auch »Guten Tag« und fragen, wohin die Fahrt geht, aber auch kein Wort mehr, kein Wort mehr. Schreiben auch die Quittung fürs Finanzamt, aber kein Wort mehr. Lassen dich dein Gepäck rauszerren und sind ungemein abwesend. Es gibt Taxifahrer, die sagen überhaupt nichts. Da muss man froh sein, wenn sie überhaupt fahren. Denen ist anscheinend alles zu viel, dass man überhaupt einsteigt, ist eigentlich schon eine Frechheit. Und dann noch das Fahrziel – es liegt nämlich gleich um die Ecke – ja, wo kämen wir denn da hin.

Es gibt Taxifahrer, die, wenn ich in Heidelberg einsteige und sage: »Nach Mannheim bitte«, damit ich da noch den IC kriege, dann sagen die: »Ich kann Sie auch bis nach Köln fahren.« Das sind ganz lustige Burschen, denen ist nichts zu viel oder zu wenig. Es gibt Taxifahrer, die fangen gleich an, über die politische Lage zu klagen, dass die vielen Ausländer jetzt endlich 'raus müssten. Es gibt Taxifahrer, die tatsächlich kaum deutsch können, weil sie Ausländer sind, aber gute Taxifahrer sind. Es gibt Taxifahrer, die das alles nur vorübergehend machen, die mal bessere Zeiten gesehen haben, nette ältere Herren. Es gibt Taxifahrer, Studenten, drittes Semester Psychologie, haben gerade eine Statistik-Klausur mit Ach und Krach hinter sich, machen nachts noch Hotelportier. Es gibt Taxifahrer, die haben ein Foto von Frau und Kindern auf dem Armaturenbrett. Es gibt Taxifahrer, die sagen zu mir: »Ihre Stimme kenne ich doch, Pat und Patachon, stimmt's?« »Ja.« Es gibt Taxifahrer, die fahren grundsätzlich nur nachts und das ganze Auto duftet nach leichten Mädchen. Es gibt Taxifahrer, die erzählen dir in fünf Kilometern ihr ganzes Leben. Es gibt Taxifahrerinnen, denen sieht man ihr ganzes Leben sofort an… und dann kommst du wieder an einen Taxifahrer, für den du der allerletzte Fahrgast bist: Keine Bewegung, kein Wort, kein Danke fürs Trinkgeld, kein »Tschö«, nichts. Und oft habe ich deshalb die ganze Qualität einer Stadt an einem Taxifahrer abgelesen. Das ist natürlich töricht und völlig ungerecht. Aber mir geht das sehr oft so, dass ich bei einem unfreundlichen Taxifahrer gleich die ganze Stadt für unfreundlich halte. »Lass' das!«, sage ich dann immer, »lass' das!«, du kannst doch nicht von einem Taxifahrer auf eine ganze Stadt schließen, oder von einer Stadt auf ein ganzes Land, oder von einem Land auf ein ganzes Volk, oder von einem Volk, von deinem, von unserem, auf die ganze Welt. »Lass' das bitte!« Wenn das die vielen Taxifahrer und Fahrerinnen bei mir wirklich fertigbringen, dass ich mich mit meinen Vorurteilen zurückhalte, dann soll mir diese Zunft gerade recht sein.

Erkundigen wir uns, mein Freund;
jeder, jeder ist doch froh,
wenn man Anteil nimmt.
Ganz egal, ob er nun groß oder klein,
dick oder dünn, berühmt oder unbekannt ist.
Die meisten Menschen,
wir alle, brauchen das.
Wir brauchen,
dass mal jemand kommt und nach uns fragt.
Nicht wahr?
Denn nach den meisten Menschen
fragt doch kein Mensch.
Viele blühen doch richtig auf,
wie ein Honigkuchenlipizzaner,
wenn man sie fragt,
was sie denn so machen.
Wenn man sich für sie interessiert.
Und da können Sie mir sagen,
was Sie wollen,
alle Menschen werden im Augenblick
ganz andere Menschen,
wenn sie merken,
da ist plötzlich jemand,
der oder die sich für das,
was ich so mache, interessiert.
Plötzlich sieht der ganze Tag völlig anders aus,
viel heller, obwohl es regnet.
Weil man auf einmal von sich erzählen darf.

Und dann muss man einfach zuhören.
Das ist übrigens das Wichtigste.
Zuhören können,
den anderen einfach mal alles erklären lassen.
Ich habe das regelrecht üben müssen,
muss ich zugeben.
Man hört sich ja auch gern selbst reden.
Besonders Künstler.
Aber jetzt ist mal der andere, der oder die andere dran.
Und der ist ganz überrascht,
endlich hört ihm mal jemand zu.
»Das hab ich ja noch nie oder höchst selten erlebt.«
Ich lasse mir oft von Leuten
ihren Beruf haarklein erklären,
obwohl ich gar nichts davon verstehe.
Aber der andere erzählt mir dabei sein ganzes Leben.
Und ich sehe, wie er immer leidenschaftlicher wird.
Vor einer halben Stunde
war er noch apathisch und verbittert
und seine kleine Frau saß
ganz klein und schüchtern neben ihm.
Und jetzt sind beide nicht mehr zu bremsen,
und sie erzählen und erklären und beschreiben
und machen und tun,
bloß weil jemand gesagt hat:
»Wie geht's Ihnen?« und »Was machen Sie?
Erzählen Sie doch mal!«
Sie müssen das, meine Freunde, auch mal machen.

Auch wenn Sie nicht gleich sämtliche Völker der
Welt erreichen.
Probieren Sie's mal aus.
Wenn Sie wieder einmal demnächst,
hie und da in Gesellschaft sind, oder egal wo,
gehen Sie einfach mal
auf den Stillsten und auf die Schüchternste zu,
fragen Sie, was beide so machen,
dann lassen Sie sie erzählen.
Sire, geben Sie den Menschen ihre Bedeutung zurück!
Heute hier, morgen zwischen Moskau und Smolensk
und übermorgen auf der ganzen Welt.
Beginnen wir, meine Lieben, mit unserem Weg,
nämlich bei uns selbst.
Vielleicht ein bisschen viel verlangt,
so früh am Morgen,
aber heute Abend
ist es vielleicht schon zu spät.

Unterwegs

Ich fahre die Straße entlang
In Zeiten die nicht sicher sind
Flöte und Baum Trommel und Traum
Sind in meinem Gesang

Ich bin gekommen um Trost zu schreiben
Auf ein Blatt Papier
Mit einem kleinen Klavier
Versuche ich Nachrichten aufzutreiben

Aus der Stadt
Die kleinlich klein
Im Grab mit einem Bein
Mich ausgespien hat

Bin ich gekommen euch zum Spaß
Und gehe hin wo Leides ist
Und Freude und wo beides ist
Zu lernen Mensch und Maß

Bis unter der Hand
Trommel und Traum mich vereinen
Flöte und Baum zu Gebeinen
Gott weiß ich welchem Land.

Es gibt ja Leute, die kennt man, und kennt man, und kennt man, und ... kennt sie doch nicht, das ist ganz schlimm, vielleicht kennen Sie das aber auch, diese peinlichen Situationen hat ja jeder von uns schon mal mitgemacht, durchgemacht, durchgestanden: Also, ich stehe auf einem Bahnsteig, plötzlich werde ich von einem Herrn begrüßt, der sagt:
»Guten Tag, wie geht's, auch mal wieder unterwegs, was macht die Arbeit?«
»Ooch«, sage ich, »es läppert sich so.«
In Wirklichkeit denke ich, Mensch, wer ist das bloß, wo stecke ich den Mann hin, keine Ahnung.
Und der andere plappert munter drauflos, er müsse jetzt zu einer Besprechung nach Düsseldorf, den Kindern ginge es gut, der Frau Gemahlin dito, man ist zwar etwas dicker geworden, aber was soll's.
Menschenskind, denke ich, wer ist das bloß? Man will sich ja schließlich nicht blamieren und unhöflich sein.
Ist das vielleicht der Dr. Armbruster, den ich mal vor sieben Jahren auf dieser, na, auf dieser Bundesjugendplangeschichte getroffen habe? Ich frage darob gaaaanz vorsichtig:
»Ach ja, wissen Sie noch, damals in Regensburg, das waren noch Zeiten?!«
Keine Reaktion.

Mein braunes Auge und mein blaues Herz
Ziehn im Oktober und im März
Zu sehn ob meines Lebens Spiel will glücken
Oft in die Fremde
Mit meiner Schicksalsstadt im Rücken

Mein altes Mainz
Ganz klein und heimlich sollst du sein
In meiner krausen Seele
Ganz nah und warm
In meinem kranken Wanderbein

Du bist nicht meine Mutterstadt
Auch nicht mein Vaterland
Du bist wie meine tote Frau
Mein Vorort mit dem Trauerrand
Ich brauche dich

Oft steh ich in der Fremde still
Und spür
Wie mich Vergangenes
Erdrücken will
Und hoff der Himmel
Ist kein Kindermund
Und nimmt mich auf
In meiner letzten Stund

Ich bin Nomade
Evangelisch und zugleich

Ein Deserteur
Bin flüchtig undankbar
Am Morgen arm am Abend reich
Am nächsten Tag verwahrlost
Heimatlos und liederlich
Dann denke ich an dich
Mein gutes Mainz

Ich brauch nicht deinen Dom
Und dein geschichtliches Gedöns
Nimm meine Ängste mir
Ich brauch nicht deinen Wein
Und deine lauten Tage
Deine Prahlerei und deinen Protz
Ich brauche deinen Aschermittwoch
Mainz

Du bist wie meine tote Frau
Gewissen und Erinnerung
Und liegst in meinem Rücken
Streng und weich
Auf meinen Reisen
Durch das Heil'ge Römische Reich
Deutscher Nation
So alt bin ich geworden
Du hast mich so gemacht
Und ich will sein genau wie du:
Im Leben oft geweint
Im Tode noch gelacht.

Und nachdem Gott, Jesus und der Heilige Geist ihr Werk getan, nämlich den Himmel weltweit hinunter und herabzulassen, so dass die Bäume fast in den Himmel gewachsen wären, ging Gott mit den Seinen auch in ein Gasthaus, in dem viele Männer zu zweit, alleine oder in Gruppen saßen, teilweise angeheitert, teilweise singend und brummend, denn sie begingen ja an diesem Tag den Vater-Tag, waren mit Fahrrädern unterwegs, und bei manchem hatte man schon Sorge, ob er denn noch unversehrt nach Hause käme. Der liebe Gott amüsierte sich, Jesus sang manchmal mit, denn er kannte ja noch einige Lieder aus seiner frühen Zeit, und der Heilige Geist empfahl dem Wirt, von nun an nur noch alkoholfreies Bier auszuschenken. So tat denn auch der Wirt. Und als die Väter dann schließlich lauthals, aber todmüde aufbrachen, fielen einige ein paar Mal von ihren Fahrrädern, andere fanden an ihrem Rad einen völlig neuen Sattel oder neue Reifen oder eine Klingel oder ein Rücklicht. Gott hatte ein bisschen gezaubert und Jesus guckte den Fahrradrittern nach und hieß sie gut und gesund nach Hause kommen. Dafür bin ich ja da, sagte er. Gott, Jesus und der Heilige Geist blieben noch einen Moment, und der Wirt ging hinter seiner Theke auf und ab und murmelte dauernd vor sich hin: »Woher kenn ich die drei nur, woher? Aus dem Nachbardorf kommt doch kein Mensch.« Und als er sich umdrehte, waren die drei verschwunden. Sie fuhren zurück, aufwärts bis in die höchsten Höhen, weiter noch, dahin, wo sie zu Hause waren, da wo der Himmel entsteht, wo er anfängt. Das Ende hätten sie auf der Erde gelassen, an vielen tausend Stellen mit Wäscheklammern festgemacht, so dass wir nun den Himmel auf Erden haben, wenn wir ihn auch nicht sehen, so spüren wir ihn, wenn wir es wollen, das Ende des Himmels ist uns gegeben, soll uns an Jesus erinnern, der aufgefahren ist und die Erde mit dem Himmel vermählt hat, auf dass wir von nun an umso mehr unsere Kraft und unseren Glauben stärken können, um die Tugenden des Himmels auf Erden in die Tat umsetzen zu können. Fangen wir an, so wie das alte Sprichwort es uns empfiehlt: Hilf dir selbst, so hilft dir Gott. Arbeiten wir gemeinsam mit Vater, Sohn und Heiligem Geist an unseren Träumen und Visionen, dass das Wort vom Himmel auf Erden eines Tages zu einem Fest wird, wo die Erde Heimat ist für alle Welt und der Himmel unser Schutz, unser Dach und unser Trost allen, die guten Willens sind, und allen, die mit uns auf dem Weg zu Jesus Christus sind.

Freundinnen und Freunde in Christo
Danke, dass ihr gekommen seid –
Euch alle aufgemacht habt
Aus euren verschiedenen Küchen
Und Kinderzimmern
Aus den verschiedenen Straßen im Viertel
Von zu Hause um auch hier zu
Hause zu sein
Um erneut zu bekennen und zu
Bezeugen
Dass ihr Kinder Gottes seid
Oder auch nur um zu sehen
Und zu hören
Was Gotteskinder in ihrem großen
Haus so machen.
Die Welt steht heute Spalier
Um die Auffahrt
Unseres Herrn Jesus Christus
An Leib und Seele mitzuerleben
Mit Herz und Hirn zu erfahren
Dass Gottes Sohn nun nach Hause
Zurückgekehrt ist
Um den Lauf der Dinge, der Welt,
Des Lebens und des Sterbens
Zu vollenden
An der Seite des Vaters und des
Heiligen Geistes
Diese Himmelfahrt ist älter als alle

Raumfahrt
Und revolutionärer als aller Fortschritt
Der in Medien und auf Messen vorgibt
Uns freier und reicher zu machen
Der uns aber nun immer mehr
Freiheit nimmt
Die Armen ärmer
Und die Reichen reicher macht
Die Grausamen grausamer
Und die Hilflosen ohne eine Hoffnung –
Und oft ist man verzagt
Und sieht nicht mehr
Dass die Welt sich einen Deut verändert
Dass der Mensch sich verwandelt
Alte Tugenden aufsucht
Und sich endlich
Als soziales Wesen begreift –
Begreift, dass nur mit allerhöchster Mitgeschöpflichkeit
Welt und Weltgeschichte sich bessern
Und in allen Religionen Gerechtigkeit
Und Menschenrechte einziehen
Und gültig gehandhabt werden
So dass wir Menschen
Einen Sprung durchs Herz spüren

Ich glaube immer noch an diesen
Privat-historischen Augenblick
Der so viel erhellt

Und plötzlich klar macht
Warum der Mensch in unserer Zeit
An so vielen seidenen Fäden hängt
Die er nicht mehr bündeln kann
Weil es zu viele sind
So ist er ausgeliefert
Den Widersprüchen
Den Unberechenbarkeiten
Der Apokalypse
Den terroristischen Vergewaltigungen
Der Weltgeschichte
Ich glaube immer noch an diesen
Augenblick der
Plötzlichen Erkenntnis
Wie ein Blitz vor den Bug einer
Schon lange herumirrenden Arche
Vollgepackt mit Menschen und Tieren
Des 20. Jahrhunderts
Schlägt er ein und macht uns
Menschen zu Menschen mit gleicher
Haut und gleichen Herzen
Weil Jesus Christus mit uns ist.

Er nimmt uns aus unserer Zeit mit
In seine Zeit
Laotse sagte bekanntlich:
»Wen der Himmel retten will
Dem schenkt er die Liebe«

Und wen er besonders auszeichnet
So möchte ich gerne fortfahren dürfen
Dem schenkt Gott den Frieden auf
Erden
Was nun nicht alleine heißt: Friede,
Freude, Eierkuchen
Oder Sonne, Sand und Erika
Und Brot und Spiele
Und Erlebnis-Welt und Acapulco
Nein, es ist der Frieden
Der uns die Stärke und die Kraft gibt
Allem zu widerstehen
Die Kraft der ersten Christen
Die in Neros Löwen-Arena
Singend einzogen, so dass sich
Sir Peter Ustinov als Tyrann verwirrt
Und ängstlich umguckte
Und sagte: Sie singen
Das ist der stille Frieden, der Frieden
Der Ruhe, das Glück des leisen
Augenblicks, erst mit dieser
Großen Friedensstille fängt die
Seele an zu schreiben
Und lässt uns sanft und sicher werden
Und sorgt dafür, dass unsere Augen
Milde bleiben.

Jesus fährt auf in den Himmel
Und mit ihm bringt Gott uns den
Himmel näher
Und der Heilige Geist geht mit dem
Kompass voran
So stell ich mir das vor:
Der Heilige Geist mit dem Kompass
Der Wasserwaage und der
Sanduhr voran
Gar nicht so abstrakt, sondern
Himmlisch-weltlich
Weltlich-himmlisch
Und die Meteorologen werden
Für einige Zeit beurlaubt
Wir danken für ihr Verständnis
Sagt der liebe Gott
Und macht das Himmelszelt zuerst
An einer Wetterwarte mit
Wäscheklammern fest und siehe da
Es hält!
Wind geh weg, sagt der liebe Gott
Ich kann dich nicht gebrauchen
So sei es höflich erklärt denen
Die gerne Märchen hören
Aber es ist ja kein Märchen!
Und es fängt nicht an mit:
Es war einmal.
Und es hört nicht auf mit:

Und wenn sie nicht gestorben sind
Sondern es ist die blanke Wahrheit
Oder wenn Sie es mehr mögen:
Die reine Wirklichkeit
Die sich vor unseren 4 Wänden
Und in unseren Herzkammern abspielt
Und Gott und Jesus und der Heilige
Geist überziehen den ganzen Erdball
Und die Welt überhaupt mit Himmel
So dass die Erde schließlich wie ein
Stopfei im Strumpfe im Himmel steckt
Und der Himmel färbt ab
Und viele Menschen wissen gar nicht
Wie ihnen geschieht und sagen
Das ist doch nicht möglich und spüren
Es ist doch möglich

Der sanfte Mut der Bergpredigt

Sie sagen
Idealismus ist ein Intelligenzdefekt.
Ich glaube es nicht

Sie sagen
die Bergpredigt wäre nicht so gemeint.
Ich glaube es nicht

Sie sagen
Du sollst nicht töten ist so zu verstehn, dass …
Ich glaube es nicht

Sie sagen
Bei etwas gesundem Menschenverstand
müsste doch jeder …
Ich glaube es nicht

Sie sagen
Selbst Christus würde, wenn er heute …
Ich glaube es nicht

Und wenn man mir Berge
schwarzen und roten Goldes verspricht
Ich glaube es nicht

Als die Nachricht um die Erde lief,
Gott sei aus der Kirche ausgetreten,
wollten viele das nicht glauben.
»Lüge, Propaganda und Legende«, sagten sie,
bis die Oberen und Mächtigen der Kirche
sich erklärten und in einem so genannten Hirtenbrief
folgendes erzählten:

»Wir, die Kirche, haben Gott, dem Herrn,
in aller Freundschaft nahgelegt,
doch das Weite aufzusuchen,
aus der Kirche auszutreten und gleich alles
mitzunehmen,
was die Kirche immer schon gestört.
Nämlich seine wolkenlose Musikalität,
seine Leichtigkeit und vor allem
Liebe, Hoffnung und Geduld.
Seine alte Krankheit, alle Menschen gleich zu lieben,
seine Nachsicht, seine fassungslose Milde,
seine gottverdammte Art und Weise,
alles zu verzeihen und zu helfen – sogar denen,
die ihn stets verspottet;
seine Heiterkeit, sein utopisches Gehabe,
seine Vorliebe für die, die gar nicht an ihn glauben,
seine Virtuosität des Geistes, überall und allenthalben,
auch sein Harmoniekonzept bis zur Meinungslosigkeit,
seine unberechenbare Größe und vor allem
seine Anarchie des Herzens – usw. …

Darum haben wir, die Kirche, ihn und seine große Güte
unter Hausarrest gestellt,
äußerst weit entlegen, dass er keinen Unsinn macht,
und fast kaum zu finden ist.«

Viele Menschen, als sie davon hörten,
sagten: »Ist doch gar nicht möglich!
Kirche ohne Gott?
Gott ist doch die Kirche!
Ist doch eigentlich gar nicht möglich!
Gott ist doch die Liebe,
und die Kirche ist die Macht,
und es heißt: ›Die Macht der Liebe!‹
Oder geht es nur noch um die Macht?!«
Andere sprachen: »Auch nicht schlecht,
nicht schlecht: Kirche ohne Gott!
Warum nicht, Kirche ohne Gott!?
Ist doch gar nichts Neues, gar nichts Neues!
Gott kann sowieso nichts machen.
Heute läuft doch alles anders.
Gott ist out. Gott ist out!
War als Werbeträger nicht mehr zu gebrauchen.«
Und:
»Die Kirche hat zur rechten Zeit das Steuer
rumgeworfen.«
»Kirche ohne Gott!« das ist der Slogan.
Doch den größten Teil der Menschen
sah man hin und her durch alle Kontinente ziehn,

und die Menschen sagten:
»Gott sei Dank!
Endlich ist er frei.
Kommt, wir suchen ihn!«

Das ist wahr
Die Völker beginnen zu wandern
Die Armen klopfen an die Türen der Reichen
Und wenn wir den Frieden
Der zurzeit sich so dahinschleppt
So verbraucht verletzt und schwer krank
Wenn wir diesen Frieden heilen wollen
Müssen wir all unsere Zärtlichkeit
All unsere Fantasie aufbringen
Unsere Wut über das Unrecht
In Mut zum Teilen verwandeln
Jeder Eine muss sich gleichsam in Zwei teilen
Und wir müssen mit Geduld und Nachsicht
Unter Gottes Himmel und auf Gottes Erde das
Zusammenleben
Üben
Und alle kleinlichen nationalen Sprüche und Lieder
Gehören in die Steinzeit
Alle die meinen sie könnten sie dürften über andere
Menschen
Verfügen herrschen und herfallen
Gehören in die Steinzeit
Alle die nicht für die Solidarität der Kreaturen sind
Gehören in die Steinzeit
In die Steinzeit gehören ebenfalls
Dogmatik Besserglauberei und Inquisition

Und in die Jetzt-Zeit heute und morgen
Gehören alle die
Die mit Zärtlichkeit und Sanftmut ausgezeichnet sind
Die Ausgezeichneten das sind die Gezeichneten
Sagt Thomas Mann
Das sind die
Die das Kreuz als Krone durch die Menge tragen
Um sie zu besänftigen zu versöhnen
Den Frieden zu heilen und auferstehen zu lassen

Wenn die Krieger kommen,
Lock sie aufs Dach der Taube.
Lock sie ins Nest der Schwalbe.
Lock sie in die Höhle der Löwen.
Lock sie in den Wald der Rehe.
Geh ihnen entgegen mit offenen Händen,
Voll Brot und Salz, Obst und Wein,
Dass sie sich verlaufen im Knüppelholz
Deiner Tugenden. Dass sie sich verirren im
Labyrinth deiner Freundlichkeit.
Mach sie Staunen,
Beschäm ihre Generäle und Präsidenten,
Lass ihre Handlanger ins Leere laufen.
Sei eine Tiefebene voll Höflichkeit.
Dein Gewehr sei die Klugheit.
Deine Kraft sei die Geduld.
Deine Geschichte sei die Liebe.
Dein Sieg sei dein Schweigen.
So dass sich die Landpfleger sehr verwundern.

Ein Land mit neuen Bäumen

Ich seh ein Land mit neuen Bäumen.
Ich seh ein Haus aus grünem Strauch.
Und einen Fluss mit flinken Fischen
Und einen Himmel aus Hortensien seh ich auch.

Ich seh ein Licht von Unschuld weiß.
Und einen Berg, der unberührt.
Im Tal des Friedens geht ein junger Schäfer,
Der alle Tiere in die Freiheit führt.

Ich hör ein Herz, das tapfer schlägt
In einem Menschen, den es noch nicht gibt,
Doch dessen Ankunft mich schon jetzt bewegt,
Weil er erscheint und seine Feinde liebt.

Das ist die Zeit, die ich nicht mehr erlebe.
Das ist die Welt, die nicht von unsrer Welt.
Sie ist aus feinstgesponnenem Gewebe,
Und Freunde: Glaubt und seht: Sie hält.

Das ist das Land, nach dem ich mich so sehne,
Das mir durch Kopf und Körper schwimmt.
Mein Sterbenswort und meine Lebenskantilene:
Dass jeder jeden in die Arme nimmt.

Man kehrt heim zu Tisch und Brot,
der Rausch verfliegt,
die Demut siegt,
die Masken sind gefallen,
bei allen,
doch größer wär des Menschen Not,
wär nicht ein Gott,
der milde mit uns allen.

Lasset den Himmel hoch oben
Und die Hölle in Ruh
Wollet die unerbittlichen Nächte loben
Den Leib und die abgelaufenen Schuh

Kommen die Nöte zuhauf
Nehmet den Mund voll Melancholie
Niemand steht für euch auf
Niemand und nie

Leget das Haupt in die Hand
Wenn ihr verletzt und verlassen seid
Lobet die Uhren aus Sand
Lobet den Gott Gelassenheit

Achtet das Brot und den Wein
Trachtet nicht nur nach Gewinn
Seht es weiß keiner von eurem Gebein
Woher und wohin

Lasset den Wald und das Gras
Öffentlich mit euch sprechen
Lobet den täglichen Spaß
Und das tägliche Kopfzerbrechen

Strecket den Leib nach der Decke
Damit ihr so schnell nicht zu fassen seid
Lobet die Wurzeln den Wurm und die Schnecke
Lobet den Gott Gelassenheit.

Am Himmel bewegt sich eine Gardine,
Die Engel haben Ladenschluss,
Da sitzt ein Mann an der Schreibmaschine
Und schreibt, weil er schreiben muss.

Der liebe Gott sitzt mit ihm zusammen
Und macht ein faltenreiches Gesicht.
Der Mann sagt leise: Reiß dich zusammen,
Komm, wir spielen Menschärgeredichnicht.

Der liebe Gott sagt: Du kannst mir glauben,
Ich hätt es schon längst so gemacht wie du,
Aber Selbstmord kann ich mir nicht erlauben,
Sonst machen sie mir meinen Himmel zu.

Erst gestern kam wieder einer und sagte:
Die Gottlosen müssen hier raus!
Und als er sich dann über mich beklagte,
Da wusste ich nicht mehr ein noch aus.

Das hatte der Mann an der Schreibmaschine
Schon länger als lange kommen sehn;
Traurig zieht er an seiner Gardine
Und sagt: Ich kann das sehr gut verstehn.

Hier oben gibts keine Militaristen,
Wird keine Hand an die Hose genäht,
Aber hier gibt es schwarze Listen,
Für den, der nicht richtig zu glauben versteht.

So ist es, flüstert der liebe Gott,
Und geht es so weiter, kann ich nicht mal bleiben,
Da ist zum Beispiel der Presbyter Knott.
Willst du mir nicht einen Artikel schreiben?

Der Mann gegenüber winkt müde und matt:
Ich will dir mein Tagebuch zeigen,
Und er blättert durch bis zum letzten Blatt,
Darauf steht: *sprechen – schreiben – schweigen.*

Am Himmel bewegt sich eine Gardine,
Und über die Milchstraße läuft eine Maus.
Da sitzt ein Mann an der Schreibmaschine,
Der sieht wie Kurt Tucholsky aus.

Ich glaube an die Güte
Ich glaube an den Fluch und an den Zweifel
Ich glaube an den hoffnungslosen Menschen
Ich glaube an die Fehler
Unsere Fehler
Meine Fehler

Ich glaube an die Armut
Ich glaube an die Anstrengung gut zu sein
Ich glaube an die geringste Freundlichkeit
Ich glaube an den plötzlichen Tod auf freier Strecke
Ich glaube an eine schreckliche Welt
Voller Irrtümer und später Einsichten

Ich glaube an die Güte
Ich glaube an die geringste Freundlichkeit auf Erden
Ich glaube an den Sommer und an den Herbst
Ich glaube an die täglichen Versuchungen
Und an die nächtlichen Verlorenheiten
Ich glaube dies auf meinem Rücken auszutragen
Ich glaube an die Güte
An die geringste Freundlichkeit
Ich glaube an das Leben

Liebe

Ich bin ein leichter Vogel
Und fliege durch die Nacht
Und meine beiden Flügel
Die hat mein Lieb gemacht

Sie hat sie fein geflochten
Aus Zärtlichkeit und Phantasie
Und stürze ich fängt sie mich auf
Und wenn sie fällt dann halt ich sie

Die Tage gehn vorüber
Die Nächte hinterher
Wir haben uns lieb und lieber
Als wenn nichts andres wär

Ich will sie allzeit herzen
Und trösten obendrein
Macht ihr das Leben Schmerzen
Solln sie geteilet sein

Sie heget und sie pfleget
Mein Leib und auch mein Seel
Sie eilet und beweget sich
Dass mir kein Wärme fehl

Wir reden und wir trinken
Wir schlafen und sind eins
Wir trennen uns und winken
In Werfen und in Mainz

Wer einst von uns erzählet
Der weiß es ganz genau
Wir warn zwar nie vermählet
Doch immer Mann und Frau

Wir sind zwei leichte Vögel
Und fliegen durch die Nacht
Und alle unsre Flügel
Haben wir im Schlaf gemacht

Und es geschah, dass ich den lieben Gott wieder mal in Dinslaken bei seiner Schwester traf und er mich mit einer Frage behelligte, eine Frage, die ich gar nicht beantworten konnte oder durfte. Er guckte mich aber lange und zwingend an und sagte: Sag mir, was du davon hältst, was du meinst, wie du darüber denkst. – Er fragte mich nämlich: Ob er Jesum von jetzt an im Himmel behalten solle, er habe Angst um seinen Sohn, und die Welt sei inzwischen von seiner Welt so weit entfernt, dass er es nicht verantworten könne, Jesus Christus der Weltgeschichte einzig und allein zu überlassen. Ich habe die Frage nicht beantwortet und zwar so lange nicht beantwortet, bis er schließlich seinen Terminkalender zuklappte und sagte: Dann nicht, danke. An dem Tag war ich ziemlich verstört. Gott sei Dank, im wahrsten Sinne des Wortes, traf ich wenig später noch Christus und versuchte, ihn mit Spielen jeder Art abzulenken. Zuerst haben wir Mühle gespielt, dann Halma, dann Mensch-ärgere-dich-nicht, all diese alten kindlichen Spiele, dann auch Geduldsspiele, wo man zwei Tennisbälle wieder auf zwei Tennisschläger zurück balancieren muss. Wir erinnerten uns sehr an unsere Kindheit und waren nicht wenig über unsere Ausdauer erstaunt. Wir waren beide gute Verlierer und lachten viel, wenn wir verloren.

Jesus' Mutter hat mir später mal erzählt, dass er andere oft gewinnen ließ, um ihnen ein Geschenk zu machen.

Er wollte immerzu Zweiter werden, nie Erster, erzählte sie. Ich habe ihn manchmal gar nicht verstanden, das z.B. mit der rechten und der linken Backe, da hab ich immer zu ihm gesagt: Das tut doch weh. Er aber lachte nur. Er lacht gern. Wenn er von seiner Himmelfahrt zurückkehrt und betritt die Wäscherei, lacht er schon von weitem. Er will, hat er mir schon ein paar Mal gesagt, dass die Christen mehr lachen. Dann sagte sie zu mir, wenn lachen gesund ist, dann soll er ruhig viel lachen, und können Sie ihm nicht mal beibringen, sich wärmer anzuziehen und besser, sagen Sie ihm doch mal, dass ich ihn bei der Auffahrt gerne mal im dunklen Anzug sehen würde, da kümmert der Vater im Himmel sich kein bisschen drum, aber wenn Sie es ihm sagen, dann ist er vielleicht erstaunt und macht es dann. Auf mich hört ja kein Mensch. Ich hab ihm zu Weihnachten einen wunderbaren skandinavischen Pullover gekauft, den hat er bis heute noch nicht angezogen. Ich will mal mit ihm drüber reden, sagte ich, ich kümmer mich darum, liebe gnädige Frau.

In der Tat konnte ich etwas später, auf einer der vielen Reisen mit dem lieben Gott durch den Himmel, den Wunsch von Mutter Mariechen dem lieben Gott vortragen, konnte ihn auch bewegen, was dafür zu tun (sprich den dunklen Anzug für Jesus kaufen), aber dabei bliebs auch, bzw. wie ich wenige Tage vor der Auffahrt erfuhr, soll er den dunklen Anzug verschenkt

haben. An wen habe er nicht gesagt. Das gehe keinen etwas an, soll er gesagt haben. Ich habe ja den lieben Gott auf einer späteren Reise durch den Himmel zur Rede gestellt, was denn nun aus dem Anzug, dem dunklen, geworden sei. Er hat mir gesagt, Jesus habe den Anzug seinen Jüngern geschenkt, und sie würden ihn jetzt reihum, ihre Maße seien ja fast die gleichen, bei festlichen Anlässen und Feiertagen tragen.
Auf dieser Reise, auf der wir eigentlich meinen Lieblingsonkel besuchen wollten, Onkel Hein, der später im Sarg verwechselt wurde – tut mir leid, sagte der liebe Gott –, auf dieser Reise fragte der liebe Gott mich ständig, was denn draußen los sei, er höre da immer was von Dings, von äh Aktien und an die Börse gehen und Internet und Interpol und Fusionen und Konfusionen und Konsens und Nonsens und Globalisierung und Kommunikationshysterie und Ereignis-Gesellschaft und Big Brother und Körperwelten, Urwald und Geiselnehmern. Da habe ich gesagt, da soll er mal seinen Sohn fragen, um den er so viel Angst habe. Ich habe ihm gesagt, wir haben alle Angst, weil es in der Welt drunter und drüber geht und der Mensch ein gütiges Machtwort braucht, um sich an die alten Tugenden zu erinnern, an die Freundlichkeit und Bescheidenheit, die Nachsicht und die Geduld. Das wollen wir den Menschen sagen, dass, wenn es zu neuen Ufern gehen soll, wir neue Brücken brauchen, eine hoch musikalische Solidarität mit allem, was uns

friedlich begegnet und ein fein gesponnenes Gewebe von Sympathie und Wiedererkennensfreude aus artistischer Überzeugung. Der liebe Gott war, als ich ihm das alles nur so aufzählte, Feuer und Flamme. Er nickte ständig mit dem Kopf und schließlich – wohl von mir angesteckt – sprach er selbst und entwickelte das, was man wohl Vision nennt – und siehe, er hatte Spaß daran. Wir müssen, sagte er, wir müssen wieder Herz und Hirn für uns arbeiten lassen, die Fantasie entflammen, damit wir uns alle rundum erneuern. Mit dieser Botschaft schicken wir Jesus Christus nach Himmelfahrt wieder auf die Erde zurück. Die Stunde der platonischen Agitation hat begonnen! Selbst ein neuer Jesus wird die Altäre betreten und aus uns allen neue Christen, neue Menschen machen.

Eine Welt der Stille mit einer sanften Gesellschaft, daraus werden uns neue Kräfte erwachsen, uns entgegen kommen und beginnen, den Himmel auf Erden für alle sichtbar und zugänglich zu machen. Jesus wird kommen, wiederkommen, wieder vom Himmel herunterkommen, und wir werden glücklich, fröhlich und zufrieden sein. Halleluja und Amen!

Ich setze auf die Liebe
Wenn Sturm mich in die Knie zwingt
Und Angst in meinen Schläfen buchstabiert
Ein dunkler Abend mir die Sinne trübt
Ein Freund im anderen Lager singt
Ein junger Mensch den Kopf verliert
Ein alter Mensch den Abschied übt

Das ist das Thema
Den Hass aus der Welt zu entfernen
Und wir bereit sind zu lernen
Dass Macht Gewalt Rache und Sieg
Nichts anderes bedeuten als ewiger Krieg
Auf Erden und dann auf den Sternen

Die einen sagen es läge am Geld
Die anderen sagen es wäre die Welt
Sie läg in den falschen Händen
Jeder weiß besser woran es liegt
Doch es hat noch niemand den Hass besiegt
Ohne ihn selbst zu beenden

Er kann mir sagen was er will
Und kann mir singen wie er's meint
Und mir erklären was er muss
Und mir begründen wie er's braucht
Ich setze auf die Liebe! Schluss.

Urheberrechts- und Quellennachweise

Seite 05 »Also ich hab mir gedacht«
Hanns Dieter Hüsch: Also ich hab mir gedacht
aus: Hanns Dieter Hüsch
Tach zusammen, 1984
© Christiane Rasche-Hüsch

Seite 23 »Gott der Herr möge uns alle Angst«
Hanns Dieter Hüsch: Unsere Zuversicht (Auszug)
aus: Hanns Dieter Hüsch/Michael Blum –
Das kleine Buch zum Segen, Seite 10ff, 2016/13
© tvd-Verlag Düsseldorf, 1998

Seite 25 »Und wenn ich nicht wüsste«
Hanns Dieter Hüsch: Zwischen den Jahren
aus: Uwe Seidel/Hanns Dieter Hüsch
Ich stehe unter Gottes Schutz, Seite 14, 2016/14
© tvd-Verlag Düsseldorf, 1996

Seite 26 »Im übrigen meine ich«
Hanns Dieter Hüsch: Führen und leiten
aus: Hanns Dieter Hüsch/Michael Blum

Das kleine Buch zum Segen, Seite 20, 2016/13
© tvd-Verlag Düsseldorf, 1998

Seite 28 »Friede sei mit euch«
Hanns Dieter Hüsch: Friedensgruß
aus: Hanns Dieter Hüsch/Michael Blum
Das kleine Buch zum Segen, Seite 36, 2016/13
© tvd-Verlag Düsseldorf, 1998

Seite 29 »Was macht, dass ich so fröhlich bin«
Hanns Dieter Hüsch: Ich bin vergnügt (Psalm)
aus: Uwe Seidel/Hanns Dieter Hüsch
Ich stehe unter Gottes Schutz, Seite 140, 2016/14
© tvd-Verlag Düsseldorf, 1996

Seite 30 »Und wenn wir gehen«
Hanns Dieter Hüsch: Kommen und gehen
aus: Hanns Dieter Hüsch
Ein gütiges Machtwort, Seite 72, 2007/3
© tvd-Verlag Düsseldorf, 2001

Seite 33 »Ihr Niederrheiner habt, genau besehen«
Hanns Dieter Hüsch: Ihr Niederrheiner habt, genau besehen
aus: Hanns Dieter Hüsch:
Du kommst auch drin vor, 1990
© Christiane Rasche-Hüsch

Seite 34 »Mit dem Gips bis über beide Knie«
Hanns Dieter Hüsch: Mit dem Gips bis über beide Knie
aus: Hanns Dieter Hüsch:
Du kommst auch drin vor, 1990
© Christiane Rasche-Hüsch

Seite 36 »Aber so ist das ja immer in Deutschland«
Hanns Dieter Hüsch: Aber so ist das ja immer in Deutschland
aus: Hanns Dieter Hüsch:
Du kommst auch drin vor, 1990
© Christiane Rasche-Hüsch

Seite 37 »Zuhause das ist«
Hanns Dieter Hüsch: Zuhause das ist
aus: Zuhause. Gedanken von Hanns Dieter Hüsch
zu Niederrhein-Bildern von Norbert Schinner, 1990
© Christiane Rasche-Hüsch

Seite 38 »Kennst du diese plötzlichen Sekunden«
Hanns Dieter Hüsch: Kennst du diese plötzlichen Sekunden
aus: Hanns Dieter Hüsch
Den möcht ich sehn ..., S. 105, 1978
© Christiane Rasche-Hüsch

Seite 39 »Erst mit der großen Stille«
Hanns Dieter Hüsch: Stille
aus: Hanns Dieter Hüsch

Das Schwere leicht gesagt, Seite 44, 1997/4

Seite 43 »Ich sing für die Verrückten«
Hanns Dieter Hüsch: »Für wen ich singe«, 1969
aus Hanns Dieter Hüsch
Den möcht ich sehn, S. 8, 1978

Seite 45 »Schon zwei Wochen vor Ostern«
aus: Hanns Dieter Hüsch
Frieda auf Erden

Seite 49 »Du brauchst einen Psychiater«
Hanns Dieter Hüsch: Du brauchst einen Psychiater, 1974
aus Hanns Dieter Hüsch
Den möcht ich sehn, S. 8, 1978

Seite 53 »Wenn ich manchmal in eine fremde Stadt komme«
Hanns Dieter Hüsch: Taxifahrergeschichten
aus: Hanns Dieter Hüsch
Ein gütiges Machtwort, Seite 43ff, 2007/3

Seite 56 »Erkundigen wir uns, mein Freund«
Hanns Dieter Hüsch: Anteilnahme
aus: Hanns Dieter Hüsch

Ein gütiges Machtwort, Seite 164ff, 2007/3

Seite 61 »Ich fahre die Straße entlang«
Hanns Dieter Hüsch: Ich fahre die Straßen entlang
aus Hanns Dieter Hüsch
Den möcht ich sehn, 1978

Seite 62 »Es gibt ja Leute, die kennt man«
Hanns Dieter Hüsch: Es gibt ja Leute
aus: Hanns Dieter Hüsch:
Du kommst auch drin vor, 1990

Seite 63 »Mein braunes Auge und mein blaues Herz«
Hanns Dieter Hüsch: Mein braunes Auge und
mein blaues Herz
aus: Hanns Dieter Hüsch
Mainz, Gesichter einer Stadt, herausgegeben von Bertram
Schmidt-Friedrichs, 1993

Seite 65 »Und nachdem Gott …«
Hanns Dieter Hüsch: Die Drei …
aus: Hanns Dieter Hüsch
Ein gütiges Machtwort, Seite 111f, 2007/3

Seite 67 »Freundinnen und Freunde in Christo«
Hanns Dieter Hüsch: Weil Jesus Christus mit uns ist
aus: Hanns Dieter Hüsch
Ein gütiges Machtwort, Seite 107ff, 2007/3

Seite 75 »Sie sagen«
Hanns Dieter Hüsch: Sie sagen
aus: Hanns Dieter Hüsch/Joan Miró
Das kleine Buch zwischen Himmel und Erde, Seite 21, 2015/9,

Seite 76 »Als die Nachricht um die Erde lief«
Hanns Dieter Hüsch: Religiöse Nachricht
aus: Hanns Dieter Hüsch/Joan Miró
Das kleine Buch zwischen Himmel und Erde,
Seite 16f, 2015/9

Seite 79 »Das ist wahr ...«
Hanns Dieter Hüsch: Hütet euch vor aller Habgier (Auszug)
aus: Hanns Dieter Hüsch
Ein gütiges Machtwort, Seite 78ff, 2007/3

Seite 81 »Wenn die Krieger kommen«
Hanns Dieter Hüsch: Wenn die Krieger kommen
aus: Uwe Seidel/Hanns Dieter Hüsch

Ich stehe unter Gottes Schutz, Seite 103, 2016/14

Seite 85 »Ich seh ein Land mit neuen Bäumen«
Hanns Dieter Hüsch: Ich seh ein Land mit neuen Bäumen
aus: Uwe Seidel/Hanns Dieter Hüsch
Ich stehe unter Gottes Schutz, Seite 81, 2016/14

Seite 86 »man kehrt heim zu Tisch und Brot«
Hanns Dieter Hüsch: man kehrt heim zu Tisch und Brot
aus: Hanns Dieter Hüsch
Du kommst auch drin vor, 1990

Seite 87 »Lasset den Himmel hoch oben«
Hanns Dieter Hüsch: Lasset den Himmel hoch oben
aus: Hanns Dieter Hüsch
Du kommst auch drin vor, 1990

Seite 88 »Am Himmel bewegt sich eine Gardine«
Hanns Dieter Hüsch: Am Himmel bewegt sich eine Gardine
aus: Hanns Dieter Hüsch
Himmlisches Gespräch

Seite 90 »Ich glaube an die Güte«
Hanns Dieter Hüsch: Credo – Ich glaube an die Güte
aus: Hanns Dieter Hüsch
Ein gütiges Machtwort, Seite 179, 2007/3
© tvd-Verlag Düsseldorf, 2001

Seite 93 »Ich bin ein leichter Vogel«
Hanns Dieter Hüsch: Liebeslied
© Christiane Rasche-Hüsch

Seite 95 »Und es geschah «
Hanns Dieter Hüsch: Verabredungen
aus: Hanns Dieter Hüsch/Joan Miró
Das kleine Buch zwischen Himmel und Erde,
Seite 7ff, 2015/9
© tvd-Verlag Düsseldorf, 2000

Seite 99 »Ich setze auf die Liebe«
Hanns Dieter Hüsch: Ich setze auf die Liebe
aus: Uwe Seidel/Hanns Dieter Hüsch
Ich stehe unter Gottes Schutz, Seite 132, 2016/14
© tvd-Verlag Düsseldorf, 1996

HERAUSGEBER: Nikolaus Schneider
TEXTAUSWAHL: Elke Rutzenhöfer, Nikolaus Schneider
GESTALTUNG: Thomas Puschmann | fruehbeetgrafik.de
COVERFOTO: Paul Maaßen
DRUCK & BINDUNG: Elbe Druckerei Wittenberg GmbH
ISBN 978-3-88981-416-6